Ce carnet appartient à :

W0396969

JOUR : DATE : LIEU :

LA MÉTÉO :

MES ACTIVITÉS DU JOUR:

J'AI MANGÉ :

J'AI AIMÉ :

AUJOURD'HUI J'ÉTAIS :

CE QUE JE RETIENS DE MA JOURNÉE:

JOUR : **DATE :** **LIEU :**

LA MÉTÉO : 

MES ACTIVITÉS DU JOUR:

J'AI MANGÉ :

J'AI AIMÉ :

AUJOURD'HUI J'ÉTAIS : 

CE QUE JE RETIENS DE MA JOURNÉE:

JOUR : DATE : LIEU :

LA MÉTÉO :

MES ACTIVITÉS DU JOUR:

J'AI MANGÉ :

J'AI AIMÉ :

AUJOURD'HUI J'ÉTAIS :

CE QUE JE RETIENS DE MA JOURNÉE:

JOUR : **DATE :** **LIEU :**

LA MÉTÉO :

MES ACTIVITÉS DU JOUR:

____

____

____

____

____

____

____

____

J'AI MANGÉ :

____

____

____

J'AI AIMÉ :

____

____

____

AUJOURD'HUI J'ÉTAIS :

CE QUE JE RETIENS DE MA JOURNÉE:

____

____

____

____

____

JOUR : **DATE :** **LIEU :**

LA MÉTÉO :

MES ACTIVITÉS DU JOUR:

J'AI MANGÉ :

J'AI AIMÉ :

AUJOURD'HUI J'ÉTAIS :

CE QUE JE RETIENS DE MA JOURNÉE:

JOUR : DATE : LIEU :

LA MÉTÉO : 

MES ACTIVITÉS DU JOUR:

J'AI MANGÉ :

J'AI AIMÉ :

AUJOURD'HUI J'ÉTAIS : 

CE QUE JE RETIENS DE MA JOURNÉE:

JOUR : **DATE :** **LIEU :**

LA MÉTÉO :

MES ACTIVITÉS DU JOUR:

J'AI MANGÉ :

J'AI AIMÉ :

AUJOURD'HUI J'ÉTAIS :

CE QUE JE RETIENS DE MA JOURNÉE:

JOUR : **DATE :** **LIEU :**

LA MÉTÉO : 

MES ACTIVITÉS DU JOUR:

J'AI MANGÉ :

J'AI AIMÉ :

AUJOURD'HUI J'ÉTAIS : 

CE QUE JE RETIENS DE MA JOURNÉE:

JOUR : **DATE :** **LIEU :**

LA MÉTÉO :

MES ACTIVITÉS DU JOUR:

J'AI MANGÉ :

J'AI AIMÉ :

AUJOURD'HUI J'ÉTAIS :

CE QUE JE RETIENS DE MA JOURNÉE:

JOUR : **DATE :** **LIEU :**

LA MÉTÉO : 

MES ACTIVITÉS DU JOUR:

J'AI MANGÉ :

J'AI AIMÉ :

AUJOURD'HUI J'ÉTAIS : 

CE QUE JE RETIENS DE MA JOURNÉE:

JOUR : **DATE :** **LIEU :**

LA MÉTÉO :

MES ACTIVITÉS DU JOUR:

J'AI MANGÉ :

J'AI AIMÉ :

AUJOURD'HUI J'ÉTAIS :

CE QUE JE RETIENS DE MA JOURNÉE:

JOUR : **DATE :** **LIEU :**

LA MÉTÉO : 

MES ACTIVITÉS DU JOUR:

J'AI MANGÉ :

J'AI AIMÉ :

AUJOURD'HUI J'ÉTAIS : 

CE QUE JE RETIENS DE MA JOURNÉE:

JOUR : **DATE :** **LIEU :**

LA MÉTÉO :

MES ACTIVITÉS DU JOUR:

J'AI MANGÉ :

J'AI AIMÉ :

AUJOURD'HUI J'ÉTAIS :

CE QUE JE RETIENS DE MA JOURNÉE:

JOUR : **DATE :** **LIEU :**

LA MÉTÉO :

MES ACTIVITÉS DU JOUR:

J'AI MANGÉ :

J'AI AIMÉ :

AUJOURD'HUI J'ÉTAIS :

CE QUE JE RETIENS DE MA JOURNÉE:

JOUR : **DATE :** **LIEU :**

LA MÉTÉO :

MES ACTIVITÉS DU JOUR:

J'AI MANGÉ :

J'AI AIMÉ :

AUJOURD'HUI J'ÉTAIS :

CE QUE JE RETIENS DE MA JOURNÉE:

JOUR : **DATE :** **LIEU :**

LA MÉTÉO :

MES ACTIVITÉS DU JOUR:

J'AI MANGÉ :

J'AI AIMÉ :

AUJOURD'HUI J'ÉTAIS :

CE QUE JE RETIENS DE MA JOURNÉE:

JOUR : **DATE :** **LIEU :**

LA MÉTÉO :

MES ACTIVITÉS DU JOUR:

J'AI MANGÉ :

J'AI AIMÉ :

AUJOURD'HUI J'ÉTAIS :

CE QUE JE RETIENS DE MA JOURNÉE:

JOUR : **DATE :** **LIEU :**

LA MÉTÉO :

MES ACTIVITÉS DU JOUR:

J'AI MANGÉ :

J'AI AIMÉ :

AUJOURD'HUI J'ÉTAIS :

CE QUE JE RETIENS DE MA JOURNÉE:

JOUR : **DATE :** **LIEU :**

LA MÉTÉO :

MES ACTIVITÉS DU JOUR:

J'AI MANGÉ :

J'AI AIMÉ :

AUJOURD'HUI J'ÉTAIS :

CE QUE JE RETIENS DE MA JOURNÉE:

JOUR : **DATE :** **LIEU :**

LA MÉTÉO :

MES ACTIVITÉS DU JOUR:

J'AI MANGÉ :

J'AI AIMÉ :

AUJOURD'HUI J'ÉTAIS :

CE QUE JE RETIENS DE MA JOURNÉE:

JOUR : **DATE :** **LIEU :**

LA MÉTÉO :

MES ACTIVITÉS DU JOUR:

J'AI MANGÉ :

J'AI AIMÉ :

AUJOURD'HUI J'ÉTAIS :

CE QUE JE RETIENS DE MA JOURNÉE:

JOUR : **DATE :** **LIEU :**

LA MÉTÉO :

MES ACTIVITÉS DU JOUR:

J'AI MANGÉ :

J'AI AIMÉ :

AUJOURD'HUI J'ÉTAIS :

CE QUE JE RETIENS DE MA JOURNÉE:

JOUR : **DATE :** **LIEU :**

LA MÉTÉO :

MES ACTIVITÉS DU JOUR:

J'AI MANGÉ :

J'AI AIMÉ :

AUJOURD'HUI J'ÉTAIS :

CE QUE JE RETIENS DE MA JOURNÉE:

JOUR : **DATE :** **LIEU :**

LA MÉTÉO : 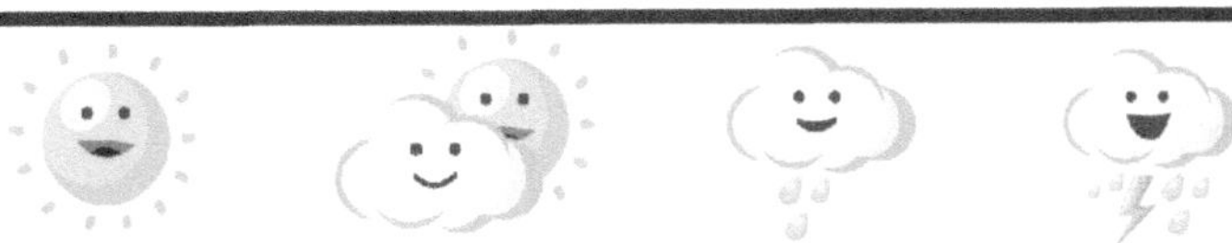

MES ACTIVITÉS DU JOUR:

J'AI MANGÉ :

J'AI AIMÉ :

AUJOURD'HUI J'ÉTAIS : 

CE QUE JE RETIENS DE MA JOURNÉE:

JOUR : **DATE :** **LIEU :**

LA MÉTÉO :

MES ACTIVITÉS DU JOUR:

J'AI MANGÉ :

J'AI AIMÉ :

AUJOURD'HUI J'ÉTAIS :

CE QUE JE RETIENS DE MA JOURNÉE:

JOUR : DATE : LIEU :

LA MÉTÉO : 

MES ACTIVITÉS DU JOUR:

J'AI MANGÉ :

J'AI AIMÉ :

AUJOURD'HUI J'ÉTAIS : 

CE QUE JE RETIENS DE MA JOURNÉE:

JOUR : **DATE :** **LIEU :**

LA MÉTÉO : 

MES ACTIVITÉS DU JOUR:

J'AI MANGÉ :

J'AI AIMÉ :

AUJOURD'HUI J'ÉTAIS : 

CE QUE JE RETIENS DE MA JOURNÉE:

JOUR : DATE : LIEU :

LA MÉTÉO : 

MES ACTIVITÉS DU JOUR:

J'AI MANGÉ :

J'AI AIMÉ :

AUJOURD'HUI J'ÉTAIS : 

CE QUE JE RETIENS DE MA JOURNÉE:

JOUR : **DATE :** **LIEU :**

LA MÉTÉO :

MES ACTIVITÉS DU JOUR:

J'AI MANGÉ :

J'AI AIMÉ :

AUJOURD'HUI J'ÉTAIS :

CE QUE JE RETIENS DE MA JOURNÉE:

JOUR : **DATE :** **LIEU :**

LA MÉTÉO :

MES ACTIVITÉS DU JOUR:

J'AI MANGÉ :

J'AI AIMÉ :

AUJOURD'HUI J'ÉTAIS :

CE QUE JE RETIENS DE MA JOURNÉE:

JOUR : DATE : LIEU :

LA MÉTÉO :

MES ACTIVITÉS DU JOUR:

J'AI MANGÉ :

J'AI AIMÉ :

AUJOURD'HUI J'ÉTAIS :

CE QUE JE RETIENS DE MA JOURNÉE:

JOUR : **DATE :** **LIEU :**

LA MÉTÉO :

MES ACTIVITÉS DU JOUR:

J'AI MANGÉ :

J'AI AIMÉ :

AUJOURD'HUI J'ÉTAIS :

CE QUE JE RETIENS DE MA JOURNÉE:

JOUR : **DATE :** **LIEU :**

LA MÉTÉO :

MES ACTIVITÉS DU JOUR:

J'AI MANGÉ :

J'AI AIMÉ :

AUJOURD'HUI J'ÉTAIS :

CE QUE JE RETIENS DE MA JOURNÉE:

JOUR : **DATE :** **LIEU :**

LA MÉTÉO : 

MES ACTIVITÉS DU JOUR:

J'AI MANGÉ :

J'AI AIMÉ :

AUJOURD'HUI J'ÉTAIS : 

CE QUE JE RETIENS DE MA JOURNÉE:

JOUR : **DATE :** **LIEU :**

LA MÉTÉO :

MES ACTIVITÉS DU JOUR:

J'AI MANGÉ :

J'AI AIMÉ :

AUJOURD'HUI J'ÉTAIS :

CE QUE JE RETIENS DE MA JOURNÉE:

JOUR : DATE : LIEU :

LA MÉTÉO : 

MES ACTIVITÉS DU JOUR:

J'AI MANGÉ :

J'AI AIMÉ :

AUJOURD'HUI J'ÉTAIS : 

CE QUE JE RETIENS DE MA JOURNÉE:

JOUR : **DATE :** **LIEU :**

LA MÉTÉO : 

MES ACTIVITÉS DU JOUR:

J'AI MANGÉ :

J'AI AIMÉ :

AUJOURD'HUI J'ÉTAIS : 

CE QUE JE RETIENS DE MA JOURNÉE:

JOUR : **DATE :** **LIEU :**

LA MÉTÉO :

MES ACTIVITÉS DU JOUR:

J'AI MANGÉ :

J'AI AIMÉ :

AUJOURD'HUI J'ÉTAIS :

CE QUE JE RETIENS DE MA JOURNÉE:

JOUR : **DATE :** **LIEU :**

LA MÉTÉO :

MES ACTIVITÉS DU JOUR:

J'AI MANGÉ :

J'AI AIMÉ :

AUJOURD'HUI J'ÉTAIS :

CE QUE JE RETIENS DE MA JOURNÉE:

JOUR : **DATE :** **LIEU :**

LA MÉTÉO :

MES ACTIVITÉS DU JOUR:

J'AI MANGÉ :

J'AI AIMÉ :

AUJOURD'HUI J'ÉTAIS :

CE QUE JE RETIENS DE MA JOURNÉE:

JOUR : DATE : LIEU :

LA MÉTÉO :

MES ACTIVITÉS DU JOUR:

J'AI MANGÉ :

J'AI AIMÉ :

AUJOURD'HUI J'ÉTAIS :

CE QUE JE RETIENS DE MA JOURNÉE:

JOUR : **DATE :** **LIEU :**

LA MÉTÉO :

MES ACTIVITÉS DU JOUR:

J'AI MANGÉ :

J'AI AIMÉ :

AUJOURD'HUI J'ÉTAIS :

CE QUE JE RETIENS DE MA JOURNÉE:

JOUR : **DATE :** **LIEU :**

LA MÉTÉO : 

MES ACTIVITÉS DU JOUR:

J'AI MANGÉ :

J'AI AIMÉ :

AUJOURD'HUI J'ÉTAIS : 

CE QUE JE RETIENS DE MA JOURNÉE:

JOUR : **DATE :** **LIEU :**

LA MÉTÉO :

MES ACTIVITÉS DU JOUR:

J'AI MANGÉ :

J'AI AIMÉ :

AUJOURD'HUI J'ÉTAIS :

CE QUE JE RETIENS DE MA JOURNÉE:

JOUR :

DATE :

LIEU :

LA MÉTÉO :

MES ACTIVITÉS DU JOUR:

J'AI MANGÉ :

J'AI AIMÉ :

AUJOURD'HUI J'ÉTAIS :

CE QUE JE RETIENS DE MA JOURNÉE:

JOUR : DATE : LIEU :

LA MÉTÉO :

MES ACTIVITÉS DU JOUR:

J'AI MANGÉ :

J'AI AIMÉ :

AUJOURD'HUI J'ÉTAIS :

CE QUE JE RETIENS DE MA JOURNÉE:

JOUR : **DATE :** **LIEU :**

LA MÉTÉO :

MES ACTIVITÉS DU JOUR:

J'AI MANGÉ :

J'AI AIMÉ :

AUJOURD'HUI J'ÉTAIS :

CE QUE JE RETIENS DE MA JOURNÉE:

JOUR : **DATE :** **LIEU :**

LA MÉTÉO :

MES ACTIVITÉS DU JOUR:

J'AI MANGÉ :

J'AI AIMÉ :

AUJOURD'HUI J'ÉTAIS :

CE QUE JE RETIENS DE MA JOURNÉE:

JOUR : **DATE :** **LIEU :**

LA MÉTÉO :

MES ACTIVITÉS DU JOUR:

J'AI MANGÉ :

J'AI AIMÉ :

AUJOURD'HUI J'ÉTAIS :

CE QUE JE RETIENS DE MA JOURNÉE:

JOUR : **DATE :** **LIEU :**

LA MÉTÉO :

MES ACTIVITÉS DU JOUR:

J'AI MANGÉ :

J'AI AIMÉ :

AUJOURD'HUI J'ÉTAIS :

CE QUE JE RETIENS DE MA JOURNÉE:

JOUR : DATE : LIEU :

LA MÉTÉO :

MES ACTIVITÉS DU JOUR:

J'AI MANGÉ :

J'AI AIMÉ :

AUJOURD'HUI J'ÉTAIS :

CE QUE JE RETIENS DE MA JOURNÉE:

JOUR : **DATE :** **LIEU :**

LA MÉTÉO :

MES ACTIVITÉS DU JOUR:

J'AI MANGÉ :

J'AI AIMÉ :

AUJOURD'HUI J'ÉTAIS :

CE QUE JE RETIENS DE MA JOURNÉE:

JOUR : **DATE :** **LIEU :**

LA MÉTÉO :

MES ACTIVITÉS DU JOUR:

J'AI MANGÉ :

J'AI AIMÉ :

AUJOURD'HUI J'ÉTAIS :

CE QUE JE RETIENS DE MA JOURNÉE:

JOUR : **DATE :** **LIEU :**

LA MÉTÉO :

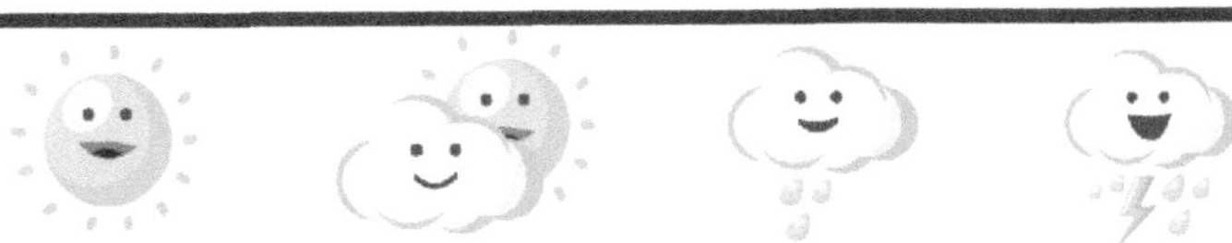

MES ACTIVITÉS DU JOUR:

J'AI MANGÉ :

J'AI AIMÉ :

AUJOURD'HUI J'ÉTAIS :

CE QUE JE RETIENS DE MA JOURNÉE:

JOUR : **DATE :** **LIEU :**

LA MÉTÉO :

MES ACTIVITÉS DU JOUR:

J'AI MANGÉ :

J'AI AIMÉ :

AUJOURD'HUI J'ÉTAIS :

CE QUE JE RETIENS DE MA JOURNÉE:

JOUR : **DATE :** **LIEU :**

LA MÉTÉO :

MES ACTIVITÉS DU JOUR:

J'AI MANGÉ :

J'AI AIMÉ :

AUJOURD'HUI J'ÉTAIS :

CE QUE JE RETIENS DE MA JOURNÉE:

JOUR : DATE : LIEU :

LA MÉTÉO : 

MES ACTIVITÉS DU JOUR:

J'AI MANGÉ :

J'AI AIMÉ :

AUJOURD'HUI J'ÉTAIS : 

CE QUE JE RETIENS DE MA JOURNÉE:

JOUR : **DATE :** **LIEU :**

LA MÉTÉO :

MES ACTIVITÉS DU JOUR:

J'AI MANGÉ :

J'AI AIMÉ :

AUJOURD'HUI J'ÉTAIS :

CE QUE JE RETIENS DE MA JOURNÉE:

JOUR : **DATE :** **LIEU :**

LA MÉTÉO :

MES ACTIVITÉS DU JOUR:

J'AI MANGÉ :

J'AI AIMÉ :

AUJOURD'HUI J'ÉTAIS :

CE QUE JE RETIENS DE MA JOURNÉE:

JOUR : **DATE :** **LIEU :**

LA MÉTÉO :

MES ACTIVITÉS DU JOUR:

J'AI MANGÉ :

J'AI AIMÉ :

AUJOURD'HUI J'ÉTAIS :

CE QUE JE RETIENS DE MA JOURNÉE:

JOUR : DATE : LIEU :

LA MÉTÉO : 

MES ACTIVITÉS DU JOUR:

J'AI MANGÉ :

J'AI AIMÉ :

AUJOURD'HUI J'ÉTAIS : 

CE QUE JE RETIENS DE MA JOURNÉE:

JOUR : **DATE :** **LIEU :**

LA MÉTÉO :

MES ACTIVITÉS DU JOUR:

J'AI MANGÉ :

J'AI AIMÉ :

AUJOURD'HUI J'ÉTAIS :

CE QUE JE RETIENS DE MA JOURNÉE:

JOUR : **DATE :** **LIEU :**

LA MÉTÉO : 

MES ACTIVITÉS DU JOUR:

J'AI MANGÉ :

J'AI AIMÉ :

AUJOURD'HUI J'ÉTAIS : 

CE QUE JE RETIENS DE MA JOURNÉE:

JOUR : **DATE :** **LIEU :**

LA MÉTÉO :

MES ACTIVITÉS DU JOUR:

J'AI MANGÉ :

J'AI AIMÉ :

AUJOURD'HUI J'ÉTAIS :

CE QUE JE RETIENS DE MA JOURNÉE:

JOUR : **DATE :** **LIEU :**

LA MÉTÉO :

MES ACTIVITÉS DU JOUR:

J'AI MANGÉ :

J'AI AIMÉ :

AUJOURD'HUI J'ÉTAIS :

CE QUE JE RETIENS DE MA JOURNÉE:

JOUR : **DATE :** **LIEU :**

LA MÉTÉO :

MES ACTIVITÉS DU JOUR:

J'AI MANGÉ :

J'AI AIMÉ :

AUJOURD'HUI J'ÉTAIS :

CE QUE JE RETIENS DE MA JOURNÉE:

JOUR : **DATE :** **LIEU :**

LA MÉTÉO :

MES ACTIVITÉS DU JOUR:

J'AI MANGÉ :

J'AI AIMÉ :

AUJOURD'HUI J'ÉTAIS :

CE QUE JE RETIENS DE MA JOURNÉE:

JOUR : DATE : LIEU :

LA MÉTÉO : 

MES ACTIVITÉS DU JOUR:

J'AI MANGÉ :

J'AI AIMÉ :

AUJOURD'HUI J'ÉTAIS : 

CE QUE JE RETIENS DE MA JOURNÉE:

JOUR : **DATE :** **LIEU :**

LA MÉTÉO :

MES ACTIVITÉS DU JOUR:

J'AI MANGÉ :

J'AI AIMÉ :

AUJOURD'HUI J'ÉTAIS :

CE QUE JE RETIENS DE MA JOURNÉE:

JOUR : DATE : LIEU :

LA MÉTÉO : 

MES ACTIVITÉS DU JOUR:

J'AI MANGÉ :

J'AI AIMÉ :

AUJOURD'HUI J'ÉTAIS : 

CE QUE JE RETIENS DE MA JOURNÉE:

JOUR : **DATE :** **LIEU :**

LA MÉTÉO : 

MES ACTIVITÉS DU JOUR:

J'AI MANGÉ :

J'AI AIMÉ :

AUJOURD'HUI J'ÉTAIS : 

CE QUE JE RETIENS DE MA JOURNÉE:

JOUR : **DATE :** **LIEU :**

LA MÉTÉO :

MES ACTIVITÉS DU JOUR:

J'AI MANGÉ :

J'AI AIMÉ :

AUJOURD'HUI J'ÉTAIS :

CE QUE JE RETIENS DE MA JOURNÉE:

JOUR : DATE : LIEU :

LA MÉTÉO : 

MES ACTIVITÉS DU JOUR:

J'AI MANGÉ :

J'AI AIMÉ :

AUJOURD'HUI J'ÉTAIS : 

CE QUE JE RETIENS DE MA JOURNÉE:

JOUR : **DATE :** **LIEU :**

LA MÉTÉO :

MES ACTIVITÉS DU JOUR:

J'AI MANGÉ :

J'AI AIMÉ :

AUJOURD'HUI J'ÉTAIS :

CE QUE JE RETIENS DE MA JOURNÉE:

JOUR : **DATE :** **LIEU :**

LA MÉTÉO :

MES ACTIVITÉS DU JOUR:

J'AI MANGÉ :

J'AI AIMÉ :

AUJOURD'HUI J'ÉTAIS :

CE QUE JE RETIENS DE MA JOURNÉE:

JOUR : **DATE :** **LIEU :**

LA MÉTÉO : 

MES ACTIVITÉS DU JOUR:

J'AI MANGÉ :

J'AI AIMÉ :

AUJOURD'HUI J'ÉTAIS : 

CE QUE JE RETIENS DE MA JOURNÉE:

JOUR : DATE : LIEU :

LA MÉTÉO :

MES ACTIVITÉS DU JOUR:

J'AI MANGÉ :

J'AI AIMÉ :

AUJOURD'HUI J'ÉTAIS :

CE QUE JE RETIENS DE MA JOURNÉE:

JOUR : **DATE :** **LIEU :**

LA MÉTÉO :

MES ACTIVITÉS DU JOUR:

J'AI MANGÉ :

J'AI AIMÉ :

AUJOURD'HUI J'ÉTAIS :

CE QUE JE RETIENS DE MA JOURNÉE:

JOUR : **DATE :** **LIEU :**

LA MÉTÉO :

MES ACTIVITÉS DU JOUR:

J'AI MANGÉ :

J'AI AIMÉ :

AUJOURD'HUI J'ÉTAIS :

CE QUE JE RETIENS DE MA JOURNÉE:

JOUR : DATE : LIEU :

LA MÉTÉO : 

MES ACTIVITÉS DU JOUR:

J'AI MANGÉ :

J'AI AIMÉ :

AUJOURD'HUI J'ÉTAIS : 

CE QUE JE RETIENS DE MA JOURNÉE:

JOUR : **DATE :** **LIEU :**

LA MÉTÉO :

MES ACTIVITÉS DU JOUR:

J'AI MANGÉ :

J'AI AIMÉ :

AUJOURD'HUI J'ÉTAIS :

CE QUE JE RETIENS DE MA JOURNÉE:

JOUR : **DATE :** **LIEU :**

LA MÉTÉO : 

MES ACTIVITÉS DU JOUR:

J'AI MANGÉ :

J'AI AIMÉ :

AUJOURD'HUI J'ÉTAIS : 

CE QUE JE RETIENS DE MA JOURNÉE:

JOUR : **DATE :** **LIEU :**

LA MÉTÉO :

MES ACTIVITÉS DU JOUR:

J'AI MANGÉ :

J'AI AIMÉ :

AUJOURD'HUI J'ÉTAIS :

CE QUE JE RETIENS DE MA JOURNÉE:

JOUR : **DATE :** **LIEU :**

LA MÉTÉO :

MES ACTIVITÉS DU JOUR:

J'AI MANGÉ :

J'AI AIMÉ :

AUJOURD'HUI J'ÉTAIS :

CE QUE JE RETIENS DE MA JOURNÉE:

JOUR : **DATE :** **LIEU :**

LA MÉTÉO :

MES ACTIVITÉS DU JOUR:

J'AI MANGÉ :

J'AI AIMÉ :

AUJOURD'HUI J'ÉTAIS :

CE QUE JE RETIENS DE MA JOURNÉE:

JOUR : **DATE :** **LIEU :**

LA MÉTÉO :

MES ACTIVITÉS DU JOUR:

J'AI MANGÉ :

J'AI AIMÉ :

AUJOURD'HUI J'ÉTAIS :

CE QUE JE RETIENS DE MA JOURNÉE:

JOUR : **DATE :** **LIEU :**

LA MÉTÉO :

MES ACTIVITÉS DU JOUR:

J'AI MANGÉ :

J'AI AIMÉ :

AUJOURD'HUI J'ÉTAIS :

CE QUE JE RETIENS DE MA JOURNÉE:

JOUR : **DATE :** **LIEU :**

LA MÉTÉO :

MES ACTIVITÉS DU JOUR:

J'AI MANGÉ :

J'AI AIMÉ :

AUJOURD'HUI J'ÉTAIS :

CE QUE JE RETIENS DE MA JOURNÉE:

JOUR : DATE : LIEU :

LA MÉTÉO : 

MES ACTIVITÉS DU JOUR:

J'AI MANGÉ :

J'AI AIMÉ :

AUJOURD'HUI J'ÉTAIS : 

CE QUE JE RETIENS DE MA JOURNÉE:

JOUR : **DATE :** **LIEU :**

LA MÉTÉO :

MES ACTIVITÉS DU JOUR:

J'AI MANGÉ :

J'AI AIMÉ :

AUJOURD'HUI J'ÉTAIS :

CE QUE JE RETIENS DE MA JOURNÉE:

JOUR : **DATE :** **LIEU :**

LA MÉTÉO :

MES ACTIVITÉS DU JOUR:

J'AI MANGÉ :

J'AI AIMÉ :

AUJOURD'HUI J'ÉTAIS :

CE QUE JE RETIENS DE MA JOURNÉE:

JOUR : **DATE :** **LIEU :**

LA MÉTÉO :

MES ACTIVITÉS DU JOUR:

J'AI MANGÉ :

J'AI AIMÉ :

AUJOURD'HUI J'ÉTAIS :

CE QUE JE RETIENS DE MA JOURNÉE:

JOUR : DATE : LIEU :

LA MÉTÉO : 

MES ACTIVITÉS DU JOUR:

J'AI MANGÉ :

J'AI AIMÉ :

AUJOURD'HUI J'ÉTAIS : 

CE QUE JE RETIENS DE MA JOURNÉE:

JOUR : **DATE :** **LIEU :**

LA MÉTÉO :

MES ACTIVITÉS DU JOUR:

J'AI MANGÉ :

J'AI AIMÉ :

AUJOURD'HUI J'ÉTAIS :

CE QUE JE RETIENS DE MA JOURNÉE:

JOUR : **DATE :** **LIEU :**

LA MÉTÉO :

MES ACTIVITÉS DU JOUR:

J'AI MANGÉ :

J'AI AIMÉ :

AUJOURD'HUI J'ÉTAIS :

CE QUE JE RETIENS DE MA JOURNÉE:

JOUR : **DATE :** **LIEU :**

LA MÉTÉO :

MES ACTIVITÉS DU JOUR:

J'AI MANGÉ :

J'AI AIMÉ :

AUJOURD'HUI J'ÉTAIS :

CE QUE JE RETIENS DE MA JOURNÉE:

JOUR : **DATE :** **LIEU :**

LA MÉTÉO :

MES ACTIVITÉS DU JOUR:

J'AI MANGÉ :

J'AI AIMÉ :

AUJOURD'HUI J'ÉTAIS :

CE QUE JE RETIENS DE MA JOURNÉE:

JOUR : **DATE :** **LIEU :**

LA MÉTÉO :

MES ACTIVITÉS DU JOUR:

J'AI MANGÉ :

J'AI AIMÉ :

AUJOURD'HUI J'ÉTAIS :

CE QUE JE RETIENS DE MA JOURNÉE:

JOUR : **DATE :** **LIEU :**

LA MÉTÉO : 

MES ACTIVITÉS DU JOUR:

J'AI MANGÉ :

J'AI AIMÉ :

AUJOURD'HUI J'ÉTAIS : 

CE QUE JE RETIENS DE MA JOURNÉE:

JOUR : **DATE :** **LIEU :**

LA MÉTÉO :

MES ACTIVITÉS DU JOUR:

J'AI MANGÉ :

J'AI AIMÉ :

AUJOURD'HUI J'ÉTAIS :

CE QUE JE RETIENS DE MA JOURNÉE:

JOUR : **DATE :** **LIEU :**

LA MÉTÉO :

MES ACTIVITÉS DU JOUR:

J'AI MANGÉ :

J'AI AIMÉ :

AUJOURD'HUI J'ÉTAIS :

CE QUE JE RETIENS DE MA JOURNÉE:

JOUR : **DATE :** **LIEU :**

LA MÉTÉO :

MES ACTIVITÉS DU JOUR:

J'AI MANGÉ :

J'AI AIMÉ :

AUJOURD'HUI J'ÉTAIS :

CE QUE JE RETIENS DE MA JOURNÉE:

JOUR : **DATE :** **LIEU :**

LA MÉTÉO :

MES ACTIVITÉS DU JOUR:

J'AI MANGÉ :

J'AI AIMÉ :

AUJOURD'HUI J'ÉTAIS :

CE QUE JE RETIENS DE MA JOURNÉE:

JOUR : **DATE :** **LIEU :**

LA MÉTÉO : 

MES ACTIVITÉS DU JOUR:

J'AI MANGÉ :

J'AI AIMÉ :

AUJOURD'HUI J'ÉTAIS : 

CE QUE JE RETIENS DE MA JOURNÉE:

JOUR : **DATE :** **LIEU :**

LA MÉTÉO :

MES ACTIVITÉS DU JOUR:

J'AI MANGÉ :

J'AI AIMÉ :

AUJOURD'HUI J'ÉTAIS :

CE QUE JE RETIENS DE MA JOURNÉE:

JOUR : DATE : LIEU :

LA MÉTÉO : 

MES ACTIVITÉS DU JOUR:

J'AI MANGÉ :

J'AI AIMÉ :

AUJOURD'HUI J'ÉTAIS : 

CE QUE JE RETIENS DE MA JOURNÉE:

JOUR : **DATE :** **LIEU :**

LA MÉTÉO :

MES ACTIVITÉS DU JOUR:

J'AI MANGÉ :

J'AI AIMÉ :

AUJOURD'HUI J'ÉTAIS :

CE QUE JE RETIENS DE MA JOURNÉE:

Printed in France by Amazon
Brétigny-sur-Orge, FR

19316340R00068